ESPACIOS
en arquitectura VI

Oficinas • Restaurantes • Espacios Comerciales

Edición

Fernando de Haro • Omar Fuentes

ESPACIOS

en arquitectura VI

Oficinas • Restaurantes • Espacios Comerciales

Edición

Fernando de Haro • Omar Fuentes

Editores *Publishers*
Fernando de Haro y Omar Fuentes

Diseño y Producción Editorial *Editorial Design & Production*

Dirección del proyecto *Project Manager*
Valeria Degregorio Vega
Tzacil Cervantes Ortega

Coordinación *Coordination*
Edali P. Nuñez Daniel
Mariana Trujillo Martínez

Colaborador *Contributor*
Mónica Escalante

Corrección de estilo *Copy Editor*
Abraham Orozco

Traducción *Translation*
Dave Galasso

Espacios en Arquitectura VI, Oficinas • Restaurantes • Espacios Comerciales
Spaces VI, Offices • Restaurants • Commercial Spaces

© 2004, Fernando de Haro y Omar Fuentes

AM Editores S.A. de C.V. Paseo de Tamarindos # 400 B suite 102, Col. Bosques de las Lomas, C.P. 05120, México D.F. Tel.52(55) 5258-0279. Fax.52(55) 5258-0556. ame@ameditores.com **www.ameditores.com**

ISBN Español 970-9726-04-8
ISBN Inglés 970-9726-05-6

Impreso en Hong Kong. *Printed in Hong Kong*

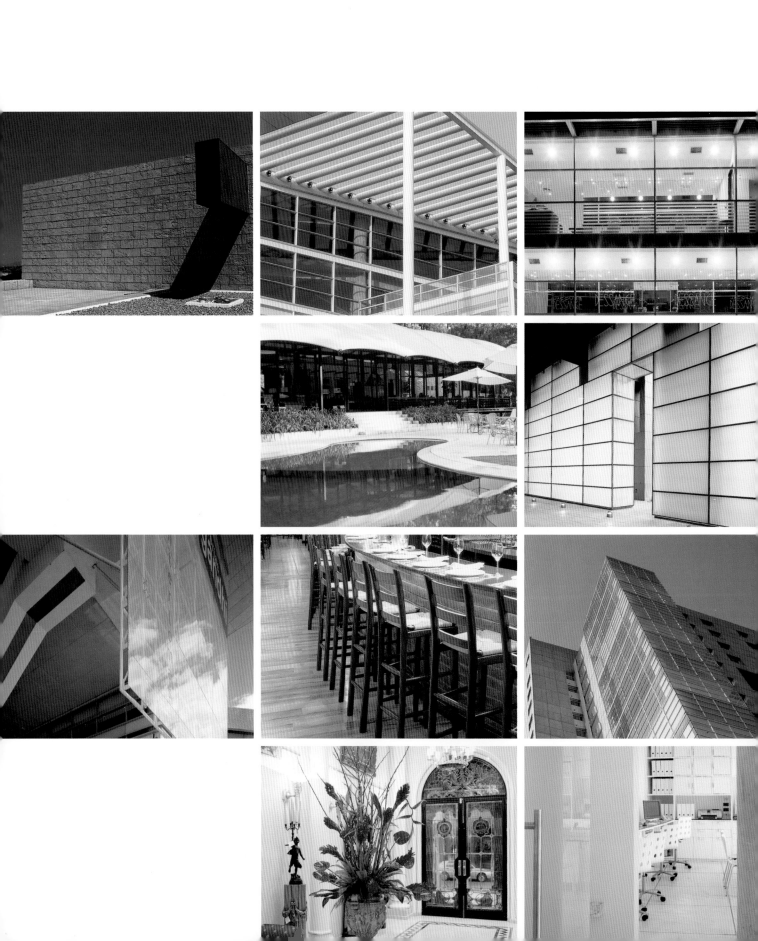

contenido contents

Desde sus orígenes, luego de la Revolución Industrial, y sobre todo en sus manifestaciones más significativas como aquellas estructuras de acero y ladrillo rojo de las fábricas de hilados en la Europa del siglo XIX, o su consolidación con el célebre Seagram Building, del Mies van der Rohe de los años cincuenta del siglo XX en Nueva York, pasando por el edificio de la RCA, en el inmenso complejo del Centro Rockefeller de Nueva York, o más recientemente el aeropuerto de Sondica, del año 2001 en Bilbao y la Plaza de las Ciencias y las Artes, del año 2002, en Valencia, ambas de Calatrava, hasta nuestra Torre Latinoamericana, el World Trade Center, la Torre de PEMEX, la Torre Mayor del año 2003 y un sinnúmero de plazas y centros comerciales a lo largo del territorio mexicano, la arquitectura comercial ejerce una fuerte fascinación en la sociedad entera, forma parte de su paisaje cotidiano, de su patrimonio cultural, la asume como propia y es su punto de referencia, su sitio de encuentro, su lugar de reunión.

Sin embargo, con toda su trascendencia social, ese no fue, al menos en principio, el propósito de sus creadores, muchas de estas construcciones respondieron a fines prácticos, están despojadas de toda decoración superflua, pero en cambio

presentación presentation

integran a la perfección la forma, la función y buenos materiales como el bronce, el cobre, el mármol, acero y cristal.

Los arquitectos han intentado crear edificios en los que el propietario vea reflejados sus ideales y el usuario se sienta complacido. Nunca ha sido fácil conjuntar ambos elementos.

Por eso nos resulta particularmente grato, incluir una muestra representativa de la obra de algunos de los más distinguidos arquitectos mexicanos que sí ofrecen a la sociedad, por conducto de sus clientes, espacios amplios llenos de luz, volumetría y color, arquitectura tradicional mexicana con detalles vanguardistas, con la calidez y la nobleza de los materiales regionales o la espectacularidad del acero inoxidable satinado y otros elementos producto de la tecnología más avanzada; recubrimientos de cantera que provocan sensaciones de cercanía con la naturaleza en un diálogo con sus sonidos y texturas; complejos residenciales con vistas espléndidas; clubes de golf abiertos al paisaje; oficinas privadas que se articulan alrededor de los jardines, restaurantes con terrazas y vistas al campo y muchas otras expresiones de los creadores mexicanos. Sobriedad y elegancia; función y forma; calidez y confort. Arquitectura, en fin, al servicio del hombre.

Fernando de Haro y Omar Fuentes

Since the time commercial design became a specialty unto itself after the Industrial Revolution, it has held a strong fascination for society as a whole. From the brick and steel yarn factories of 19th century Europe to the Seagram Building by Mies van der Rohe and RCA Building in Rockefeller Center in New York, or Mexico's Torre Latinoamericana, World Trade Center and innumerable shopping plazas and malls, commercial architecture has become part of our reality, a point of reference, our cultural heritage.

Despite the profound impact this architecture had on us, this was not the intended purpose of its creators, at least not originally. While many of these constructions responded to practical demands, lacking all superfluous decoration, they wonderfully integrate form, function and the best of materials like bronze, copper, marble, steel and glass. Architects have tried to design buildings that express the owner's ideals and please the user. It has never been an easy combination to achieve.

With this in mind, it is particularly pleasing for us to present the commercial designs of some of today's most distinguished Mexican architects. In a sense we also owe thanks to their customers – because of them we also enjoy these unique spaces full of light, the volumes, the colors… traditional Mexican architecture with vanguard ideas, the amiability of regional materials, the beauty of brushed stainless steel and other high-tech solutions, quarry stone-faced exteriors that create a sense of intimacy with nature; residential developments with stunning views; country clubs open to the surrounding landscape; offices designed around green areas; amd restaurants with al fresco terraces and panoramic vistas. Simplicity, elegance, function and form, warmth and comfort. Here we finally have architecture at the service of man.

Fernando de Haro & Omar Fuentes

introducción introduction

Libros de arquitectura hay muchos hoy día, se han vuelto un objeto de consumo cuyo uso va desde repertorio de modelos de lo que se está haciendo, ya sea para la inspiración de unos o para ver si es que van por el camino correcto, para otros.

Que la arquitectura sea un acto racional humano, no garantiza que la arquitectura esté al servicio del hombre, la producción arquitectónica actual existe en función de la cadena de consumo. Hoy, la forma ya no puede seguir a la función porque ésta no existe, es más una consecuencia del orden de lo clientelar y el resultado de diferentes gestiones. De ahí que los lenguajes de la arquitectura, en la mayoría de los casos, no sean la intención propia de los arquitectos sino el resultado inverso del *marketing,* lo que los arquitectos producimos no es un lenguaje propio, sino una mercancía que debe satisfacer las aspiraciones del imaginario del posible comprador, y éste no es un imaginario simbólico común, es más bien uno que va variando y adaptándose a los esquemas de la fragmentación de los mercados que promueve el sistema en el que estamos inmersos.

Esto no quiere decir que toda la arquitectura sea "comercial", hay otro tipo de relaciones clientelares y de mercado, como aquellas obras que se producen exclusivamente para ser publicadas aquí o allá. Otros mercados en auge son las vanguardias de la arquitectura, como el Guggenheim de Gehry, las obras de Herzog; un mercado que consume iconos para ciudades en proceso de resurgimiento como Bilbao, Beijing y otras que se ven obligadas a incluir este tipo de producciones para no quedarse atrás. Estas mismas vanguardias llegan a un momento en que debido a su repetición, dejan de serlo y se vuelven casi objetos producidos en serie, unas veces por los mismos arquitectos y otras al ser imitadas o recreadas por otros.

Hasta hace pocos años, las tendencias y corrientes arquitectónicas en México se inclinaban por la llamada arquitectura "mexicana", consecuencia de un nacionalismo promovido por las corrientes políticas del momento, en las que sobresalía la línea de Barragán, congruentes con un modo de vida y con los materiales propios y los sistemas constructivos del lugar. Sin embargo, con la apertura comenzaron a surgir otras tendencias mirando a los países más desarrollados, utilizando la artesanía como elemento de copia, de recreación e incluso de imitación de esas tecnologías y cuyo resultado eran obras incongruentes y copias fallidas.

Hoy, el caso es diferente. Hoy vemos el resurgimiento de algo propio, resultado de la globalización pero con una gran aportación en la que a esas nuevas tecnologías, ahora si accesibles, se integran la calidad y la riqueza de los procesos artesanales locales y el aprovechamiento de las habilidades de los artesanos mexicanos, con un producto único, propio y auténtico.

Architectural books fill the shelves and bargain tables of most bookstores today. There are two reasons why consumers buy them: as a source of ideas or to stay on top of the latest trends. The work you have in your hands is more than a collection of the latest designs. It is a short compendium of what is being done right. There in lies the responsibility of the publishers and authors to do their best, and for the architects to turn in their best material.

Even though architecture is a rational human activity, it does not guarantee it is at the service of man. Present day architecture obeys the consumer demands. Form no longer follows function – it is more a consequence of customer tastes and other considerations. This has a direct influence on the language of architecture; which in the majority of the cases is not the creation of the architect him or herself, but of marketing. We as architects we do not use our own symbols; instead we produce a language meant to satisfy a possible buyer – a language capable of adapting to the fragmented market system in which we are immersed.

Until recently there was a tendency to brand the architectural trends in Mexico as "Mexican." This was a consequence of the nationalism fomented by the political climate of the time. Barragán was one of the greatest proponents of this style so easily identifiable by the use of regional materials. However, with the elimination of geographic borders, tendencies from other countries began to take center stage. With this, local design and even old construction methods were used as a bulwark, resulting in a hollow, failed copy of revered cultural traditions.

The case is very different today. Contemporary Mexican architects have responded to globalization with a fierce resurgence of originality, embracing new technologies while integrating the best of local techniques, turning out a unique product that is both authentic and unmistakably their own.

Carlos Pascal Wolf
Gerard Pascal Wolf

Fernando de Haro • Jesús Fernández • Omar Fuentes

Hotel Fiesta Americana Querétaro

Abax Arquitectos

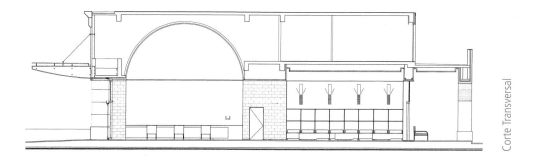

Querétaro, Querétaro # Hotel Fiesta Americana

Proyecto Arquitectónico y de Interiores *Architectural and Interior Design:* Abax, Arq. Fernando de Haro, Arq. Jesús Fernández y Arq. Omar Fuentes; Colaboradores *Collaborators:* D.I. Alejandra Zavala; Fotografía *Photography:* Héctor Velasco Facio.

El lobby bar se diseñó como un espacio cálido y agradable tanto para quienes acuden a él, para la concreación de negocios, para quienes utilizan las instalaciones hoteleras, como para las familias que visitan la Ciudad de Querétaro.

The Lobby Bar is designed as a pleasant, congenial space for and talking business over drinks, guests at the hotel and families visiting the city of Querétaro.

Fachada Principal

El diseño de interiores del hotel es sobrio, sencillo, de líneas claras que juegan con los colores y cambios de luces, y aunque el concepto es de vanguardia, retoma elementos arquitectónicos de nuestra historia.

The clean, simple interior design of the hotel uses clear lines that play with the colors and changes of light. And while the concept is contemporary, traditional elements from Mexico's rich past are present as well.

El color, elemento fundamental de la arquitectura mexicana, es utilizado para ambientar los diferentes espacios, y transmitir al cliente y usuario del hotel diferentes sensaciones a lo largo de su recorrido.
"Recordemos que un hotel es el segundo hogar de quienes lo visitan".

Color, a fundamental element in Mexican architecture, is employed to create an ambiance in the various areas and to transmit different sensations to the customer throughout the facilities. Say the architects, "We need to remember that a hotel is a second home to those who use it."

Corte de Fachada

Bernardo Lew • José Lew

Jacques Dessange Polanco
Oficinas Laureles

Arco Arquitectura
Contemporánea

Polanco, México, D.F.

Jacques Dessange

Proyecto Arquitectónico *Architectural Design:* Arco Arquitectura Contemporánea, Arq. Bernardo Lew y Arq. José Lew; Colaboradores *Collaborators:* Arq. Federico Teista, Arq. Oscar Sarabia, Arq. Guillermo Martínez y Beatríz Canuto; Fotografía *Photography:* Luis Gordoa.

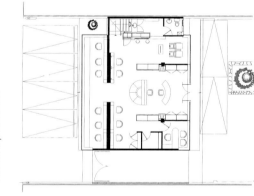

Planta Arquitectónica

La distribución de los espacios y la interacción de las distintas áreas corresponden a un esquema estrictamente funcional. En el interior se utilizaron maderas, mármoles, cristal y elementos metálicos aparentes, así como diferentes tipos de iluminación lo cual crea contrastes y distintos ambientes.

The spatial layout and interaction strictly correspond to a functional concept. Woods, marbles, glass, exposed metal elements and different types of lighting where used for achieving contrasting environments.

El proyecto se desarrolló en
tres niveles y funciona como
una gran caja de cristal que
sirve como vitrina.

*The project was developed
on three levels and works like
a large glass showcase.*

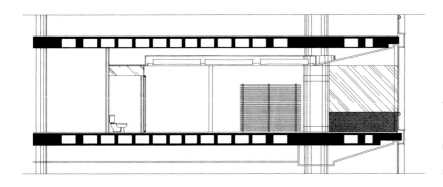

Bosques de las Lomas, México, D.F. Oficinas Laureles

Proyecto Arquitectónico *Architectural Design:* Arco Arquitectura Contemporánea, Arq. Bernardo Lew y Arq. José Lew; Colaboradores *Collaborators:* Arq. Federico Teista, Arq. Oscar Sarabia, Arq. Guillermo Martínez y Beatríz Canuto; Fotografía *Photography:* Jaime Navarro.

Alberto Crespo Huerta • Alberto Crespo Blanco • Julián Crespo Blanco

Arquitectum

Torres Mirage

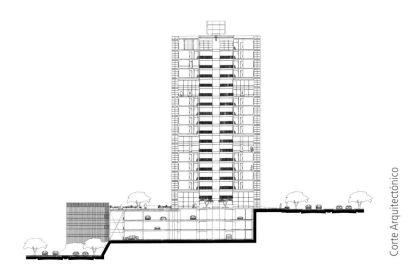

Lomas de Santa Fe, México, D.F. Torres Mirage

Proyecto Arquitectónico *Architectural Design:* Arquitectum, Arq. Alberto Crespo Huerta, Arq. Alberto Crespo Blanco y Arq. Julián Crespo Blanco; Colaboradores *Collaborators:* Arq. Alejandro Martínez y Arq. Juan Carlos Pérez; Desarrollador *Developer:* BAITA; Fotografía *Photography:* Alfonso de Bejar.

El desarrollo está conformado por cuatro torres rodeadas de jardines, con 235 departamentos de distintas distribuciones y superficies.

The project consists of 235 apartments with different layouts and sizes in four towers, surrounded by green areas.

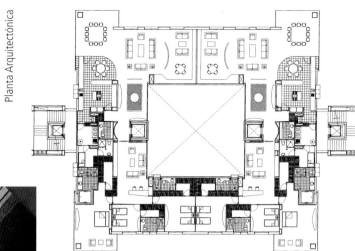

Planta Arquitectónica

Por su ubicación y contexto ofrecen vistas excelentes en todas direcciones, desde el espacio destinado a estancia y comedor. El conjunto cuenta con áreas deportivas y de usos múltiples, como alberca, gimnasio y salón de fiestas.

The outstanding location offers excellent views in all directions from the dining and living rooms. The complex has sporting and multi-use areas such as a gym, pool and banquet facility.

Isaac Broid

Corporativo Telcel

Broid

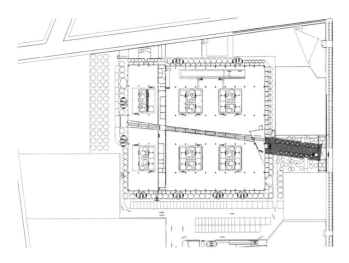

México, D.F. Corporativo Telcel

Proyecto Arquitectónico *Architectural Design:* Arq. Isaac Broid, Arq. Benjamín Campos, Arq. Fernando Donis, Arq. Alfredo Hernández y Arq. Gabriel Merino; Fotografía *Photography:* Luis Gordoa.

Corte

Los límites del espacio útil
son una delgada epidermis
de cristal, uniforme, pero con
algunas sutilezas como el uso
de parasoles en cada fachada,
de manera que esa aparente
semejanza entre sí adquiere
sus particularidades según la
orientación.

*A thin epidermis of glass
separates the interior office
space with the exterior.
The tubular awning, which
acquires a different look
depending on its orientation,
lends a subtle sense of unity
to each façade.*

Se mantuvo sólo lo esencial, suprimiendo todos los elementos no estructurales de una antigua fábrica de neumáticos que se transformaría en un espacio para oficinas corporativas de una empresa de telefonía celular.

Removing all non-structural elements, only the basic essentials were preserved in this old tire factory destined to become corporate headquarters for a cell phone company.

Emilio Cabrero Higareda • Andrea Cesarman Kolteniuk • Marco A. Coello Buck

C'Cúbica Arquitectos

Despacho C'Cúbica

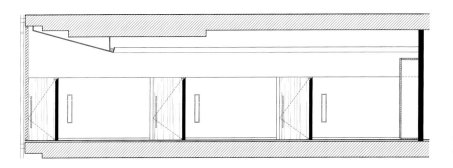

Huixquilucan, Estado de México Despacho C'Cúbica

Proyecto Arquitectónico y de Interiores *Architectural and Interior Design:* C'Cúbica Arquitectos,
Arq. Emilio Cabrero, Arq. Andrea Cesarman y Arq. Marco A. Coello; Fotografía *Photography:* Sebastián Saldívar.

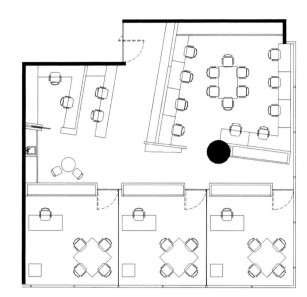

En un espacio de 150 m^2, este proyecto incluye una recepción, tres privados, taller y área de contabilidad. El lenguaje es minimalista con la intención de ceder la palabra a la creatividad y diversidad de proyectos. La luminosidad del espacio se debe, entre otras cosas, al uso de concreto pulido blanco en los pisos, mármol estatuario y la pintura vinílica blanca en el plafón e instalaciones aparentes.

This 1,600 ft^2 space includes a reception, three offices, workshop and accounting area. The language is minimalist with a focus on creativity and diversity. The brightness of the space is in part owed to the use of smooth white concrete on the floors and the white acrylic paint on the ceiling platform and exposed elements.

Federico Gómez Crespo G.B. • Waldemar Franco Sol

Gómez Crespo + W. Franco Arquitectos

Hotel Rodavento

Valle de Bravo, Estado de México

Hotel Rodavento

Proyecto Arquitectónico *Architectural Design:* Gómez Crespo
G.B. + W. Franco Arquitectos, Arq. Federico Gómez Crespo G.B. y Arq.
Waldemar Franco Sol; Proyecto de Interiores *Interior Design:* Gina
Parlange ; Tensoestructuras *Fabric architecture*: Ing. Sebastián Muñoz;
Colaboradores *Collaborators:* Arq. Miguel Campero, Alfonso de la Parra,
Gabriela Krämer y Arq. Alba Guerra; Fotografía *Photography:* Alfonso
de Bejar y Editorial Basilisco.

Rodavento es el resultado
de un minucioso estudio de
las necesidades del cliente
y del delicado entorno en el
que se edificó.
Las vistas y los diversos
ambientes se lograron
mediante constantes
recorridos para reconocer
el sitio, con el fin de diseñar
los espacios aprovechando
los micro entornos y teniendo
como objetivo alejarse de la
tentación de transformarlos.

*The design is the result of a
meticulous examination of
the custumer's needs and
the fragile surrounding
environment. The different
views and atmospheres come
from constantly exploring and
learning about the property
and designing spaces that
incorporate microenvironments
instead of transforming them.*

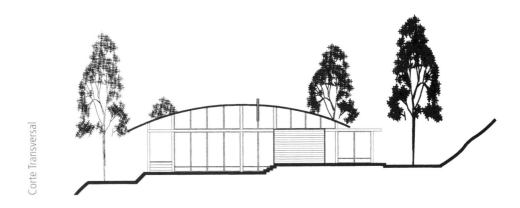

Corte Transversal

La construcción sobre esbeltas columnas, permite que el terreno conserve sus características, se evita el impacto al delicado entorno natural y se crea una sensación de ligereza en cada elemento.

The use of svelte columns enables the property to preserve its natural appeal, avoiding an unnecessary visual impact to the delicate surroundings, while creating a sensation of lightness.

El diseño de interiores conserva una absoluta coherencia con la filosofía del proyecto y con el entorno. Una decoración compuesta por elementos modernos y distintos materiales: madera, piedras, metales, telas, pieles, fibras naturales, colores ricos y alegres, enriqueciendo la vida interior de cada espacio.

The interior design of this project embraces textures, objects, elements and colors that evoke feelings of specific times and places that are consistent with the overall interpretation of the project.

Mobiliario, antigüedades y objetos provenientes de diferentes rincones del mundo, le dan una sencilla sofisticación al ambiente interior que acoje tanto al deportista como al huésped más exigente.

Furnishings, antiques, and decorative objects from around the world provide a simple sophistication that appeals to the most demanding sportsman and guest.

77

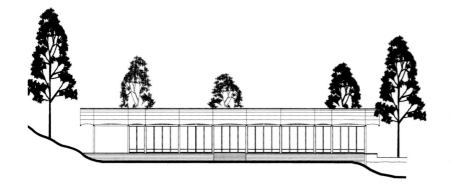

Corte Transversal

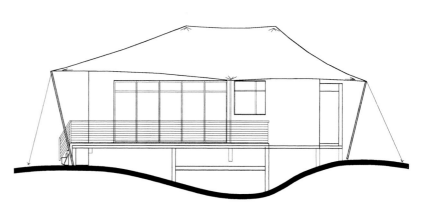

Fachada Principal

Las tensoestructuras o velarias fortalecen el concepto de no permanencia, o de temporalidad y adaptabilidad en el entorno, provocando en el huésped sensaciones de cercanía a la naturaleza, creando un diálogo con sus sonidos y texturas.

The fabric architecture reinforces the transitory concept of the space. Guests are given a feeling of closeness to nature through a subtle dialogue of sounds and textures.

Juan José Sánchez-Aedo

Grupo Arquitech

Punto Interlomas
Restaurante Ibiza

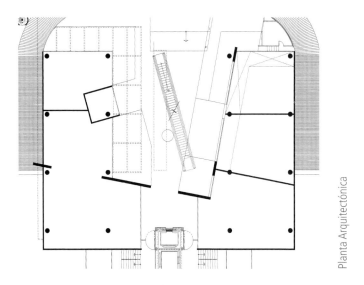

México, D.F. # Punto Interlomas

Proyecto Arquitectónico *Architectural Design:* Grupo Arquitech, Arq. Juan José Sánchez-Aedo, Arq. Alejandro Meza y Arq. Aarón Mendoza; Vidarq, Ing. Abraham Cherem Cassab; Diámetro Arquitectos, Arq. David Cherem Ades; Fotografía *Photography:* Luis Gordoa.

Para esta obra el Arq. Juan
José Sánchez-Aedo, el Arq.
David Cherem y el Ing.
Abraham Cherem definieron
Punto Interlomas como una
plaza gourmet con comercio
que se genera en un
ambiente moderno entre
espacios de interiores, que
al mismo tiempo juegan a
ser exteriores, con elementos
que conforman un área central.

*Architects Juan José Sánchez
Aedo, David Cherem and
Abraham Cherem, Eng.
defined Punto Interlomas as
a central modern gourmet
plaza. Architectural elements
and natural light create a
setting with a playful
interaction between interiors
and exteriors.*

Lomas de Chapultepec, México D.F. # Restaurante Ibiza

Proyecto Arquitectónico *Architectural Design:* Grupo Arquitech, Arq. Juan José Sánchez-Aedo, Arq. Alejandro Meza y Arq. Aarón Mendoza; Fotografía *Photography:* Luis Gordoa.

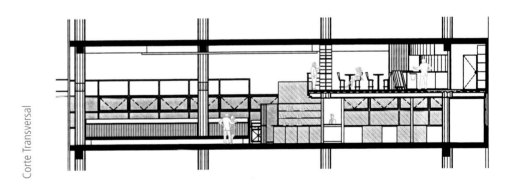

Corte Transversal

La esencia del restaurante es un salón de doble altura contenido al fondo por una espectacular cristalería con vista a la calle, cuyos juegos de franjas claras y matizadas generan un ambiente de intimidad. Las lámparas forman una especie de plafón luminoso que proporciona un ambiente de luz heterogéneo.

The essence of the restaurant is manifested in the form of a high-ceilinged room with a spectacular glass wall looking out onto the street. The interplay of transparency and textures provide a sense of intimacy. The overhead lamps create a type of illuminated platform that achieves homogenous lighting.

Francisco Martín del Campo • José Portilla Riba

Grupo Arquitectoma

Torre Álamos y Ébanos
Corporativo del Parque

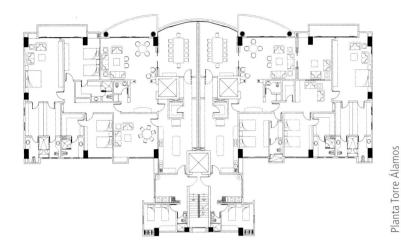

Planta Torre Álamos

Club de Golf Bosques, México, D.F. # Torre Álamos y Ébanos

Proyecto Arquitectónico *Architectural Design:* Corporativo DICOMSA, Arq. Javier Mondragón, Arq. Gerardo García Cepeda; Grupo Arquitectoma, Arq. Francisco Martín del Campo, Arq. José Portilla Riba y Luis Gutiérrez Alvarado; Promoción y Desarrollo *Development and Promotion:* Grupo Arquitectoma; Coordinador de Obra *Project Coordinator:* Grupo Arquitectoma, Ing. Rocío Hernández Andrade; Fotografía *Photography:* Michael Calderwood.

Estas torres forman parte del desarrollo residencial más exclusivo de la ciudad, el Club de Golf Bosques, se integran a la composición original del campo de golf y ofrecen un atractivo adicional, realzando la arquitectura tradicional.

These towers form part of the Bosques Golf Club, the most exclusive residential development in Mexico City. The design works nicely by offering an attractive contrast to the original country club architectural style.

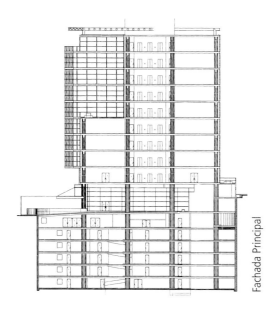

Fachada Principal

Santa Fe, México, D.F. # Corporativo del Parque

Proyecto Arquitectónico *Architectural Design:* KMD México, Arq. Carlos Fernández del Valle; Grupo Arquitectoma, Arq. Francisco Martín del Campo y Arq. José Portilla Riba; Promoción y Desarrollo *Development and Promotion:* Grupo Arquitectoma; Coordinador de Obra *Project Coordinator:* Grupo Arquitectoma, Ing. Rocío Hernández Andrade; Fotografía *Photography:* Michael Calderwood.

José Nogal Moragues

Nogal Arquitectos + Parrued Diseño

Galerías Parrued

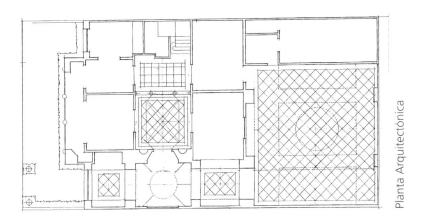

Polanco, México, D.F. # Galerías Parrued

Proyecto Arquitectónico *Architectural Design:* Nogal Arquitectos, Arq. José Nogal M.,
Proyecto de Interiores *Interior Design:* Maripaz Mateo; Fotografía *Photography:* Víctor Benítez.

La remodelación y ampliación de esta casa de los años cuarenta, fue total. Eso permitió darle mayor simetría y elegancia a la fachada. Así mismo, se crearon espacios adecuados en el interior, para resaltar el mobiliario que la tienda representa.

Between remodeling and add-ons, this house from the 40's underwent a complete makeover. This design approach permitted symmetry and elegance to be given to the façade and the right type of interior spaces for highlighting the furnishings the store is known for.

Carlos Pascal Wolf • Gerard Pascal Wolf

Hotel Sheraton Centro Histórico

Pascal Arquitectos

México, D.F.

Hotel Sheraton
Centro Histórico

Proyecto Arquitectónico y de Interiores *Architectural and Interior Design:* Pascal Arquitectos, Arq. Carlos Pascal, Arq. Gerard Pascal; Fotografía *Photography:* Fernando Cordero y Jaime Navarro.

El moderno hotel permite integrar los últimos avances tecnológicos y ofrece la posibilidad de adaptarse a los subsecuentes. Rompe intencionalmente con el contexto y la imagen de los edificios de la zona.
Se ingresa al vestíbulo a través de un pórtico que responde a las disposiciones del Instituto Nacional de Antropología e Historia.

A wholly modern design that, while an intentional departure with the context and image of the buildings of the zone, skillfully integrates the latest technological advances with its surroundings. Entrance to the hotel lobby is through a portico that responds to the design demands of the National Institute of Anthropology and History.

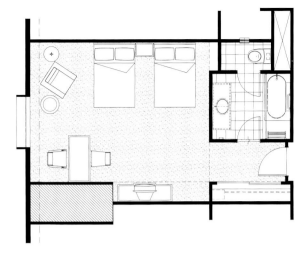

Para las habitaciones se crearon accesorios, muebles, tapices, colchas, cobijas, y lámparas que conservan cierta uniformidad estética. Las habitaciones se personalizan mediante cuatro esquemas de colores: azul, rojo, beige y gris. El papel tapiz de los muros es antibacterial.

Room accessories, furniture, wall coverings, bedspreads, blankets and lamps all maintain a certain esthetic unity. The accommodations are differentiated by four colors: blue, red, beige and gray. All wallpaper is antibacterial.

Javier Sordo Madaleno

Bosque Real
Palacio de Hierro Puebla
CRIT Oaxaca

Sordo Madaleno
Arquitectos

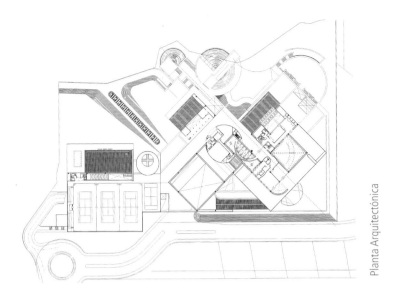

Huixquilucan, Edo. de México # Bosque Real Country Club

Proyecto Arquitectónico *Architectural Design:* Sordo Madaleno Arquitectos, Arq. Javier Sordo Madaleno, Arq. Humberto Mendoza Ramírez, Arq. Jorge Jiménez Barragán y Arq. Jaime Fernández Gutiérrez; Proyecto de Interiores *Interior Design:* Arq. Javier Sordo Madaleno, Arq. Claudia López Duplan y Arq. Enrique Rodríguez Rocha; Fotografía *Photography:* Sebastián Saldívar y Paul Czitrom.

118

El diseño, tanto exterior como interior, pretende respetar el sentido residencial de una casa club como la propia de una comunidad, un lugar que propicia el encuentro y la convivencia, un lugar amable, funcional que invita a la integración y al orgullo de formar parte de un grupo humano.

The exterior and interior designs respect the feel of a Club House as another home in the community; a place for getting together, a friendly, functional space that encourages the integration and pride of belonging to a human group.

"Los espacios son amplios, llenos de luz, éstos se reinterpretan, como en el acceso que a diferencia de un vestíbulo convencional, es un 'marco' para el paisaje natural, a manera de bienvenida, o como el corredor de acceso al restaurante, donde la obra de arte interactúa con el espacio y el usuario."

"The reinterpretation of these bright, abundant spaces is seen in the treatment of the entrance, which as compared to a conventional vestibule serves as a 'frame' for the natural setting, a welcome; or the entrance to the restaurant where the art work interacts with the space and user."

Puebla, Puebla # Palacio de Hierro

Proyecto Arquitectónico *Architectural Design:* Sordo Madaleno Arquitectos, Arq. Javier Sordo Madaleno y Arq. Humberto Mendoza; Fotografía *Photography:* Paul Czitrom.

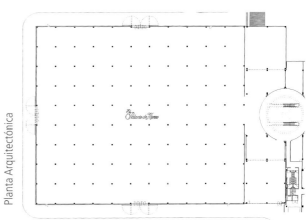

Planta Arquitectónica

"Una fachada que transmita solidez, elegancia y amabilidad; fue resuelta recubriendo todo el bloque con un material inusual: acero inoxidable y con el tratamiento de los accesos enmarcados por un par de portones de madera acordes a la escala del volumen en contraste con el resto de la fachada."

"For the façade to transmit a sense of solidity, elegance and warmth, an unusual solution was used for the facing: stainless steel. The entrances were framed by a couple of large wooden portals, the size of which were determined by the contrasting scale with the rest of the front."

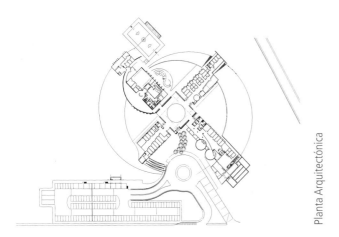

Oaxaca, México
CRIT Oaxaca

Proyecto Arquitectónico *Architectural Design:* Sordo Madaleno Arquitectos, Arq. Javier Sordo Madaleno, Arq. Alejandro Coeto García, Arq. Alejandro Quirós Ramos, Arq. Cándido Hernández Solorio, Arq. Miguel Baranda Estrada y Arq. Iovany Fuentes Guerrero; Proyecto de Interiores *Interior Design:* Arq. Javier Sordo Madaleno, Arq. Claudia López Duplan y Arq. Ma. Isabel Gallego Hernández; Fotografía *Photography:* Sebastián Saldívar.

La volumetría y colorido interno responde a una referencia lúdica para los niños evitando la sensación de un centro hospitalario y creando un ambiente propicio para la rehabilitación.
El volumen inclinado central, por el que se ingresa el proyecto, encierra un patio circular envuelto por una ola suspendida que se convierte en el vestíbulo y distribuidor de los demás cuerpos que completan el programa.

The spatial relations and interior colors give children more of a feeling of a play center than a hospital, thereby creating a more positive environment and better chance of success for the rehabilitation treatments offered here.
The central inclined figure, which serves as the main entrance, encloses a circular patio covered by a suspended wave. This becomes the vestibule and distribution point to the rest of the buildings.

Juan Carlos Baumgartner

Corporativo Ericsson
Oficinas Darier

Space

Punta Santa Fe, México, D.F. # Corporativo Ericsson

Proyecto Arquitectónico *Architectural Design:* Space, Arq. Juan Carlos Baumgartner; Colaboradores *Collaborators:* Arq. Jorge González Nájera, Arq. Gabriel Salazar, Arq. Fernando Torres y Arq. Francisco Montoya; Iluminación *Lighting:* Kai Diederichsen; Fotografía *Photography:* Antonio Pavón.

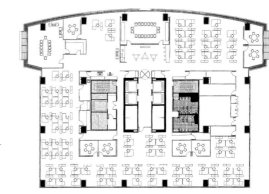

Ubicado en Punta Santa Fe, en la ciudad de México, este proyecto cuenta con aproximadamente 18,000 m^2 de construcción. Los espacios están divididos en dos zonas, la pública y la de trabajo. En el área pública se localizan salas de juntas, áreas de reunión informal, recepción y comedor.

Located within Mexico City's exclusive Punta Santa Fe corporate district, this project has nearly 195,000 ft^2 of floor space. Spaces are divided into public and work areas. In the public area are the meeting rooms, informal gathering areas, reception and dining room.

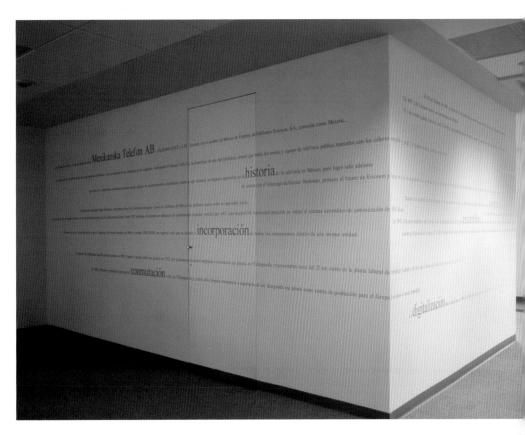

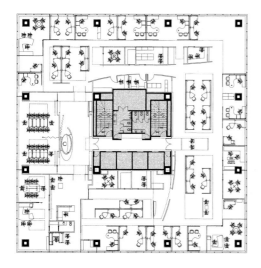

Planta Arquitectónica

México, D.F. Oficinas Darier

Proyecto Arquitectónico *Architectural Design:* Space; Arq. Juan Carlos Baumgartner; Colaboradores *Collaborators:* Arq. Gabriel Tellez, Arq. Gabriel Salazar y Arq. Francisco Montoya; Iluminación *Lighting:* Kai Diederichsen; Fotografía *Photography:* Antonio Pavón.

Ángel Ardisana • Alfonso Solloa • Jean Paul Desdier

Stor International

Tierra de Vinos
High Life Perisur

México, D.F. # Tierra de Vinos

Proyecto Arquitectónico *Architectural Design:* Stor International, Arq. Ángel Ardisana, Arq. Alfonso Solloa y Arq. Jean Paul Desdier; Fotografía *Photography:* Luis Gordoa.

Una antigua bodega se transformó para convertirla en este restaurante-enoteca, donde el producto principal, el vino, estuviera en contacto con el consumidor. El local cuenta con una barra curva, un espacio de mesas al centro y cavas privadas en las esquinas.

An old warehouse was converted into a restaurant-wine cellar where the consumer is surrounded by the main product, wine. The local has a curved bar, central seating area and private wine cabinets in the corners.

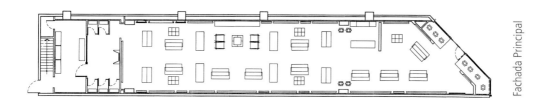

México, D.F. High Life Perisur

Proyecto Arquitectónico *Architectural Design:* Stor International, Arq. Ángel Ardisana, Arq. Alfonso Solloa y Arq. Jean Paul Desdier; Fotografía *Photography:* Luis Gordoa.

El acceso de este local recuerda el de un hotel. Aquí, un muro de hoja de oro y plata remata el vestíbulo de la tienda, un muro de luz de acrílico blanco y cristal azul, divide el espacio y permite apreciar el área de zapatería donde se dispone una pequeña área de descanso.

The access to this local is reminiscent of a hotel. A wall with gold and silver leaf highlights the entrance and directs movement to the interior. In the center of the store, a light wall of white acrylic and blue glass divides the space, giving emphasis to the shoe display and sitting area.

directorio directory

Abax es una empresa fundada en 1982 por Fernando de Haro Lebrija, dedicada al diseño arquitectónico y de interiores de casas habitación, arquitectura comercial y hotelera. Durante su exitosa trayectoria se han incorporado Jesús Fernández Soto y Omar Fuentes Elizondo quienes han contribuido a consolidarla como líder en el ramo por la eficiencia de sus procesos, la calidad de sus diseños y la atención a sus clientes.

Abax procura que sus diseños sean el resultado de un cuidadoso análisis de las aspiraciones del cliente, de las especificaciones del programa arquitectónico y del contexto del terreno.

Architect Fernando de Haro Lebrija founded Abax in 1982 as a platform for providing quality residential, commercial, hotel and interior design solutions to a demanding market. Along the firm's successful growth path, Jesús Fernández Soto and Omar Fuentes Elizondo became partners and contributed to consolidating the company's position as a leader thanks to its efficient processes, award-winning designs and customer service.

Abax's designs are the result of a careful analysis of the client's needs and wants, the practical and aesthetic space requirements, and the relation of the property with its environment.

Abax Arquitectos

Fernando de Haro • Jesús Fernández • Omar Fuentes

Paseo de Tamarindos 400 B-102

Col. Bosques de las Lomas,

05120, México, D.F.

Tel: 5258 0558

Fax: 5258 0556

abax@abax.com.mx

Insurgentes Sur 933, piso 3,

Col. Nápoles,

03810, México, D.F.

Tel / Fax: 5543 1401

www.ar-co.com.mx

Bernardo Lew • José Lew

Arco Arquitectura Contemporánea

Arco fue creada bajo la dirección de Bernardo Lew y José Lew, para cubrir diversos aspectos de la arquitectura: planeación, ejecución de proyectos arquitectónicos, diseño de interiores, asesoría y coordinación de proyecto estructural, instalaciones, dirección, controles técnicos y económicos, coordinación y supervisión de obra. La firma cuenta con muchos años de experiencia en proyectos a diferentes escalas en México y en el extranjero.

Para Arco la verdadera arquitectura se desarrolla en la búsqueda de la satisfacción de las necesidades de un usuario real a través de un lenguaje que logra, además de expresar una intención, un resultado estético y funcional.

Arco was created by senior partners Bernardo Lew and José Lew to cover the different facets of architecture, from project planning and execution to interior design, consulting, structural coordination, services infrastructure, construction management, technical and budgetary control, and project coordination and management.

The firm has many years of experience with different sized projects in Mexico and abroad. For Arco, true architecture meets the needs of a real user through a visual language that conveys purpose, beauty and function.

Av. San Jerónimo 240 - 7

Col. Jardines del Pedregal

C.P. 09100, México, D.F.

Tel: 5616 0388

Fax: 5616 2086

acrespoh@arquitectum.com.mx

www.arquitectum.com.mx

Alberto Crespo Huerta • Alberto Crespo Blanco • Julián Crespo Blanco

Arquitectum

Arquitectum es una firma fundada hace más de veinticinco años por Alberto Crespo Huerta, egresado de la UNAM, que ha logrado mantenerse a la vanguardia en cuanto a los avances tecnológicos y al uso de los materiales. En su arquitectura, que cataloga como mexicana contemporánea, intenta crear una imagen moderna y actual. Ha desarrollado diversos géneros, principalmente residencias, edificios corporativos, conjuntos de departamentos en condominio de vivienda media y residencial, así como arquitectura de interiores. Las formas y el lenguaje de los espacios que diseñan mantienen una relación estrecha entre el usuario, los colores y las texturas que los rodean. Recientemente se han incorporado al equipo de trabajo dos de sus hijos, egresados de la Universidad Iberoamericana, con lo cual reafirma su propósito de renovación y actualización en su expresión.

Alberto Crespo Huerta founded the Arquitectum design firm over 25 years ago. A graduate of the UNAM, he has stayed at the forefront of advances in technologies and materials. While Mr. Crespo has worked in diverse genres, he mainly concentrates on residences, corporate office buildings, mid-income condominiums and homes, and interior design. Central to his approach is the pursuit of a modern result through his contemporary Mexican style of architecture. The forms and language of his projects preserve a close relation between the user and surrounding colors and textures. With two of his sons having recently joined his company after graduating from the Universidad Iberoamericana, he has reaffirmed his commitment to fresh designs and forms of expression.

Esta oficina – taller se constituyó a principios de los noventa, bajo el principio de que la arquitectura es un hecho cultural cuyo propósito es ayudar al hombre a darle significado a su existencia. Esa meta se logra al dar al hábitat carácter e identidad propia sin perder relación con el medio social donde se inserta.

Para erigirse como un hecho cultural, la arquitectura está obligada a trascender lo constructivo y a ser una expresión de los sentimientos y actitudes del hombre e integrarse tanto a una tradición heredada como a las características propias del sitio donde se va a construir. Necesita integrarse a una tradición porque de no hacerlo aparece como una imposición olvidando la historia que dio origen y unidad al lugar. Pero esa tradición no debe ser estática, requiere evolución y transformación, ser capaz de sintetizar diversas corrientes de la cultura universal sin perder su identidad, su independencia y su carácter.

This office-workshop was founded in the early 90s under the principle that architecture is a cultural experience meant to give meaning to ma's existence. This purpose is achieved by giving each habitat its own character and identity, but without severing its relationship with its surrounding environment.

To function as a cultural experience, architecture must transcend the physical construction and become an expression of man's feelings and attitudes, integrating both the inherited tradition as well as the characteristics of the building site. It needs to incorporate tradition, because not doing so would be akin to disregarding the history that has given unity to the place. However, that tradition must not be static. It must constantly evolve, become, be capable of synthesizing diverse universal cultural currents, but without loosing its own identity, independence and personality.

Broid

Isaac Broid

Chicago 27 P.B.,

Col. Nápoles,

03810, México, D.F.

Tel / Fax: 5536 2386

Tel / Fax: 5687 0815

tallercinco@prodigy.net.mx

Marco A. Coello B., Emilio Cabrero H. y Andrea Cesarman K. integran el despacho C'Cúbica, que desde sus inicios se ha preocupado por poner en práctica la estrecha relación entre la arquitectura de interiores y la creación de espacios que respondan a las fantasías del cliente. "Siempre tomando en cuenta la proporción y el contenido, en el ejercicio profesional del despacho, además del trabajo en las áreas de diseño de interiores, la arquitectura, el diseño industrial y el diseño gráfico, le hemos dado especial atención al área de decoración de interiores, donde siempre intentamos servir como traductores directos de la imaginación al espacio."

Marco A. Coello B. , Emilio Cabrero H. and Andrea Cesarman K. make up the C'Cúbica office. Ever since they started out they have tried to put into practice the close relationship between interior architecture and the creation of spaces that address clients' fantasies. "Always considering proportion and content, our office, in addition to work in the areas of interior design, architecture, and industrial and graphic design, has given special attention to the area of interior decoration, where we always try to serve as direct translators from the imagination to space."

C'Cúbica Arquitectos

Emilio Cabrero H. • Andrea Cesarman K. • Marco A. Coello B.

Laureles 458 piso 6,
Col. Bosques de las Lomas,
05120, México, D.F.
Tel: 5259 3216
ecabrero@ccubicaarquitectos.com
acesarman@ccubicaarquitectos.com
mcoello@ccubicaarquitectos.com

Arteaga y Salazar 1584 B,

Col. Contadero,

05500, México, D.F.

Tel: 5812 5398

Fax: 5813 8116

arqgomezc@yahoo.com.mx

Federico Gómez Crespo G. B. • Waldemar Franco Sol

Gómez Crespo + W. Franco Arquitectos

Los arquitectos Federico Gómez Crespo G.B., Waldemar Franco Sol y la diseñadora Gina Parlange, se unen para llevar a cabo este proyecto. Ellos se han distinguido por generar conceptos contemporáneos simples, considerando siempre dentro de su diseño las variables del entorno, las necesidades y el estilo, sin abandonar la intensidad creativa característica de su obra. Las constantes son el equilibrio entre la función, la forma y el entorno, y el saber sintetizar y plasmar en la obra el mensaje que cada cliente desea transmitir. El diseño de interiores forma parte del proyecto, con su mensaje de texturas, objetos, elementos y colores que evocan tiempos o sitios específicos, congruentes con la interpretación completa de la obra.

Architects Federico Gómez Crespo G.B., Waldemar Franco Sol, and interior designer Gina Parlange, came together for this project. Distinguished for their clean contemporary concepts, their designs always contemplate the variables of the surroundings, practical needs and stylistic demands, without abandoning the creative intensity characteristic of their work. Constants in their designs are a balance between function, form and the environment and knowing how to synthesize and express architecturally the message that each of their customers wants to communicate. The interior design of this project embraces textures, objects, elements and colors that evoke feelings of specific times and places consistent with the overall interpretation of the project.

155

Blvd. Adolfo López Mateos 597,

Col. Ampliación Daniel Garza,

11830, México, D.F.

Tel: 5277 1322 / 5272 0610

Fax: 5516 1149

jsa@grupoarquitech.com.mx

Juan José Sánchez-Aedo

Grupo Arquitech

Grupo Arquitech, con más de 15 años de experiencia, se especializa en la planeación, diseño, proyecto ejecutivo, construcción y comercialización en diversas especialidades. Consigue la plena satisfacción de sus clientes a través de modernos sistemas e instalaciones y principalmente, de un equipo de profesionales expertos en cada área. En Arquitech, la arquitectura de interiores no es sólo un ejercicio de diseño, sino un medio efectivo para que los productos y servicios que ofrecen sus clientes sean mejor aceptados por el público. Sus exitosos espacios han obtenido importantes premios de diseño en el mundo.

For over 15 years, Grupo Arquitech has been specializing in the planning, design, budgeting, construction and sales of various high-end projects. The firm achieves the full satisfaction of their customers through modern systems and equipment that are designed into the space by an expert team of professionals. Interior design for Arquitech is more than an exercise, it is an effective vehicle for the products and services it offers. The company's successful designs have garnered numerous international architectural awards around the world.

Fundado en 1983, participando en la realización de desarrollos inmobiliarios de diferentes géneros, habitacional, recreativo, comercial y de servicios, Grupo Arquitectoma alcanza más de 400 mil metros cuadrados de construcción, hasta hoy. Es un equipo de profesionales de diferentes especialidades relacionadas con el diseño, la construcción y la comercialización de inmuebles, que ofrece a sus inversionistas productos muy eficientes, con un óptimo aprovechamiento de los recursos, una excelente ubicación de los desarrollos, un diseño funcional y estético, el uso de materiales de primera calidad y un riguroso control de presupuesto.

Since its founding in 1983, to date Grupo Arquitectoma has built nearly three million square feet of residential, recreational, commercial and service oriented real estate projects. The firm has a talented team of professionals in areas of specialty related with the design, construction and sales of buildings that offer investors more profitable products, maximum efficiency in resource allocation, outstanding project locations, functional, appealing designs, the use of the best materials and rigorous budget control.

Grupo Arquitectoma

Francisco Martín del Campo • José Portilla Riba

Camarena 1600, piso 3
Col. Ciudad Santa Fe,
01210, México, D.F.
Tel: 5081 1414
Fax: 5081 1400
mcrespo@arquitectoma.com.mx

José Nogal es ante todo, un interiorista dotado de un talento excepcional que desde hace 25 años se ha destacado por conservar un estilo clásico aplicando conceptos actuales. Su capacidad para armonizar, dentro de una misma obra, diversas corrientes y estilos, es uno de sus puntos distintivos. Siempre busca integrar la naturaleza como remate visual. Su aprovechamiento de la luz natural es característico en todas sus construcciones. Lo realizado en México ha incrementado su experiencia y le ha permitido incursionar en mercados como Estados Unidos y Centroamérica, siempre con la convicción de mantener los valores básicos de la arquitectura, fundamentos del diseño y elementos clásicos que identifican sus proyectos.

José Nogal is above all a gifted interior designer. His exceptional talent in preserving a classic style in contemporary design has earned him considerable fame for over 25 years. His ability to harmonize divergent currents and styles into a single design concept is one of his most distinguishing traits. The use of nature as a visual focal point and careful employment of natural light are hallmark to his projects. And while Mr. Nogal's designs in Mexico have opened the way to U.S. and Central American markets, he remains faithful to maintaining the basic values of architecture, design principles and classic elements that are central to his work.

Nogal Arquitectos + Parrued Diseño

José Nogal Moragues

Campos Eliseos 215

Col. Polanco,

11700, México, D.F.

Tel: 5282 1968

Fax: 5282 1584

corp_arquitectonico@yahoo.com.mx

Galerías Parrued

Alejandro Dumas 83

Col. Polanco

11560, México, D.F.

Tel: 5281 3342

Fax: 5282 0763

Atlatunco 99,

Col. San Miguel Tecamachalco,

53970, México, D.F.

Tel: 5294 2371

Fax: 5294 8513

carlos@pascalarquitectos.com

Carlos Pascal Wolf • Gerard Pascal Wolf

Pascal Arquitectos

Estudio de arquitectura, diseño de interiores, mobiliario y accesorios, iluminación y arquitectura de paisaje, que ha desarrollado desde su fundación en 1979, obras de diferentes géneros como residencial, institucional, religioso, de hotelería, de restaurantes y oficinas. Ha restaurado y reciclado monumentos artísticos catalogados por el Instituto Nacional de Bellas Artes, como el edificio Bolivia, original de Carlos Villagrán García y la casona histórica de Reforma y Elba.

This architectural firm designs interiors, furnishings, accessories, lighting and landscaping. Since the company's founding in 1979, it has designed and built different types of projects ranging from residential to institutional, religious, hotels, restaurants and offices. The firm has restored numerous constructions classified as landmarks by Mexico's National Institute of Fine Arts, such as the Bolivia Building, designed by Carlos Villagrán García, and the celebrated mansion at the corner of Mexico City's Reforma and Elba.

Paseo de la Reforma 2076 A

Col. Lomas de Chapultepec,

11000, México, D.F.

Tel: 5251 8104

Fax: 5543 1401

arquitectos@sma.com.mx

Javier Sordo Madaleno

Sordo Madaleno Arquitectos

Se constituyó en 1937 bajo la dirección de Juan Sordo Madaleno, como una empresa que presta servicios de planeación urbana, proyecto arquitectónico y diseño de interiores. Para la fase actual, que inició en 1982, cambió de nombre a Sordo Madaleno y Asociados, ahora con la conducción de Javier Sordo Madaleno Bringas. Desde su fundación ha desarrollado obras como hoteles, centros comerciales, edificios de oficinas y públicos, iglesias, salas cinematográficas, fábricas y residencias, tanto en México como en el extranjero. Su expresión arquitectónica pretende lograr espacios claros y definidos, con gran fuerza y personalidad. Utiliza la luz, la textura y el color como elementos fundamentales del proyecto. Mantiene el mismo rigor en el proyecto a escala urbana que a nivel de detalle y establece una plena identificación con el usuario.

Juan Sordo Madaleno founded the firm that carried his own name in 1937 to offer urban planning, architectural design and interior design services. For the company's second and current incarnation, which began in 1982, the name was changed to Sordo Madaleno y Asociados. Now under the direction of Javier Sordo Madaleno Bringas, the business has grown in Mexico and abroad with projects that include hotels, shopping malls, private and public buildings, churches, movie theaters, factories and residences. The company's architectural style focuses on powerful, clearly defined spaces with their own personality. Light, textures and color are fundamental parts of each project. The firm applies the same rigor when designing a sprawling urban project as when occupying its talents with a simple detail that expresses a user's identity.

Space, con 13 oficinas alrededor del mundo, inicia operaciones en 1995 en Estados Unidos, especializada en la planeación y diseño de interiores en espacios de trabajo. En 1999, después de ser director de diseño en Space Chicago, Juan Carlos Baumgartner, acreedor de numerosos reconocimientos nacionales e internacionales, funda en México la oficina para América Latina. Preocupado no únicamente por el quehacer arquitectónico desde el punto de vista formal, sino también por la responsabilidad del arquitecto y la influencia del espacio en el ser humano, Space realiza investigaciones sobre temas como la relación espacio, iluminación y estrés, el espacio como una herramienta competitiva para las empresas, entre otros igualmente interesantes.

Space was started in the United States in 1995. Today it has 13 offices worldwide. The firm specializes in the planning and design of workplace interiors. In 1999, after being design director at Chicago's Space offices, Juan Carlos Baumgartner founded the firm's Latin American office in Mexico City. Mr. Baumgartner is the recipient of numerous domestic and international awards. Concerned not only with the formal issues related to architecture but also the architect's responsibility for the influence our surroundings exercise upon us, Space constantly researches a variety of issues including the effects of space and lighting on stress; and space as a competitive business tool.

Space

Juan Carlos Baumgartner

Vito Alessio Robles 166 PB,

Col. Florida,

01050, México, D.F.

Tel: 5658 1048

Fax: 5658 6974

baumgarj@workplayce.com

www.workplayce.com

Con experiencia de más de 20 años y operaciones en México y Estados Unidos, Stor International cuenta con un calificado grupo de diseñadores y arquitectos con amplia experiencia en integración de soluciones para espacios comerciales y de entretenimiento. Brinda a sus clientes servicios de creatividad y estrategia en actividades orientadas al desarrollo de las marcas y negocios.

With more than 20 years of developing projects and operations in Mexico and the United States, Stor International has a qualified group of designers and architects with ample experience in creating end-to-end solutions for commercial and entertainment facilities. The group also offers its customers creative and strategic services focused on branding and growing their businesses.

Stor International

Ángel Ardisana • Alfonso Solloa • Jean Paul Desdier

Bosques de los Ciruelos 304, piso 6,

Col. Bosques de las Lomas,

11700, México, D.F.

Tel: 5251 6918

Fax: 5251 6926

admon@stor.com.mx

Se terminó de imprimir en el mes de septiembre del 2004 en Hong Kong. El cuidado de edición estuvo a cargo de AM Editores. S.A. de C.V.